TORMENTAS

TORMENTAS DE POLVO

por Jim Mezzanotte
Consultora de lectura: Susan Nations, M.Ed., autora/
tutora de alfabetización/consultora

Consultora de ciencias y contenido curricular: Debra Voege, M.A.,
maestra de recursos curriculares de ciencias y matemáticas

Please visit our web site at: garethstevens.com
For a free color catalog describing Weekly Reader® Early Learning Library's list of high-quality books, call 1-877-445-5824 (USA) or 1-800-387-3178 (Canada). Weekly Reader® Early Learning Library's fax: (414) 336-0164.

Library of Congress Cataloging-in-Publication Data

Mezzanotte, Jim.
    [Dust storms. Spanish]
    Tormentas de polvo / por Jim Mezzanotte.
       p. cm. — (Tormentas)
    Includes bibliographical references and index.
    ISBN-13: 978-0-8368-8073-1 (lib. bdg.)
    ISBN-13: 978-0-8368-8080-9 (softcover)
    1. Dust storms—Juvenile literature. I. Title.
  QC958.M4918 2007
  551.55'9-dc22   2006038290

This edition first published in 2007 by
Weekly Reader® Early Learning Library
A Member of the WRC Media Family of Companies
330 West Olive Street, Suite 100
Milwaukee, WI 53212 USA

Copyright © 2007 by Weekly Reader® Early Learning Library

Editorial direction: Mark Sachner
Editor: Barbara Kiely Miller
Art direction, cover and layout design: Tammy West
Photo research: Diane Laska-Swanke
Spanish translation: Tatiana Acosta and Guillermo Gutiérrez

Photo credits: Cover, title, pp. 5, 7, 12, 13, 15, 16, 17, 19 © AP Images; p. 6 © Dr. Marli Miller/ Visuals Unlimited; p. 8 © Jane Thomas/Visuals Unlimited; p. 9 Kami Strunsee/© Weekly Reader Early Learning Library; p. 11 Scott M. Krall/© Weekly Reader Early Learning Library; p. 18 NOAA; p. 21 © Paul Stepan/Photo Researchers, Inc.

Printed in the United States of America

1 2 3 4 5 6 7 8 9 10 10 09 08 07 06

Contenido

Cubierta y portada: Un muro de polvo atraviesa Casa Grande, Arizona. El polvo era tan denso que la gente apenas podía ver.

CAPÍTULO 1

¡Viene una tormenta de polvo!

¿Has visto alguna vez una tormenta? El cielo se oscurece. Empieza a caer lluvia o nieve. Pero, ¿y si cayera polvo?

En una tormenta de polvo, los fuertes vientos crean grandes nubes de polvo. El viento sopla sobre el terreno, y levanta arena o partículas de roca y tierra.

Una nube de polvo puede tener una altura de miles de pies, y avanza a gran velocidad. El aire se llena de polvo, que impide el paso de la luz solar. La gente sólo puede ver los objetos cercanos.

Una gran tormenta de polvo atraviesa Phoenix, Arizona. Los fuertes vientos de esta tormenta impidieron el aterrizaje y despegue de aviones.

Este desierto de arena californiano se llama Death Valley (El valle de la muerte). Es el lugar más caluroso y seco de América del Norte.

Las tormentas de polvo se producen, por lo general, en lugares **áridos**. Son lugares que reciben poca lluvia. En ellos, el terreno está muy seco. El viento puede arrastrar la tierra con facilidad.

Los desiertos son lugares secos. Reciben menos de 10 pulgadas (25 centímetros) de lluvia al año. En algunos desiertos casi no llueve. El terreno suele ser arenoso. El viento levanta la arena y crea tormentas de polvo.

A veces, las tormentas de polvo se producen después de una **sequía**. No llueve durante mucho tiempo. La tierra se seca y las plantas mueren. En ocasiones, el ganado se come todas las plantas. El suelo queda expuesto y puede ser arrastrado.

Una tormenta de polvo también puede aparecer sobre el lecho, o fondo, de un lago. El lago puede secarse. Cuando el agua ha desaparecido, el lecho del lago se seca y se cubre de polvo.

En China, un granjero camina por un campo de plantas secas. Las sequías en China han deteriorado el terreno y perjudicado a personas y animales.

En el desierto del Sáhara, en el norte de África,
se producen muchas tormentas de polvo. El desierto
del Sáhara es como un gran mar de arena. ¡Es,
aproximadamente, del tamaño de Estados Unidos!

Arena y polvo son arrastrados sobre el desierto del Sáhara,
el mayor desierto del mundo.

Este mapa muestra dónde están los mayores desiertos del mundo. Nubes de polvo procedentes de algunos desiertos llegan a otros países atravesando el océano.

En los países del Medio Oriente hay tormentas de polvo. También las hay en China, y en Australia. En Estados Unidos se producen algunas tormentas de polvo. Los estados con mayor número de estas tormentas son Arizona y Nuevo México, en el Sudoeste.

CAPÍTULO 2

Las tormentas de polvo en acción

¿Cómo se forman las tormentas de polvo? El calor puede producirlas. El sol calienta el aire cerca del suelo. El aire caliente sube. Este aire que sube crea vientos que levantan el polvo.

Una tormenta eléctrica puede hacer que se forme una tormenta de polvo. Este tipo de tormenta de polvo recibe el nombre de **haboob**. Se forma en los desiertos.

Nubes tormentosas se desplazan sobre el desierto. Vientos fríos soplan desde las nubes y sobre el terreno. Los vientos levantan la arena. Un haboob se forma en la parte frontal de una nube tormentosa.

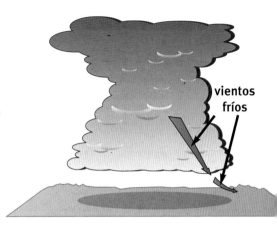

vientos
fríos

Una tormenta de polvo puede iniciarse con los vientos fríos procedentes de una nube tormentosa *(flechas azules)*. Estos vientos levantan un muro de polvo y desplazan la tormenta hacia delante.

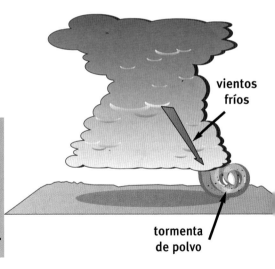

vientos
fríos

tormenta
de polvo

11

Esta tormenta de polvo en China ha traído la noche en pleno día. Los conductores han encendido las luces de sus autos para ver mejor en la tormenta.

Una tormenta de polvo puede durar unas pocas horas, o algunos días. Sea cual sea su duración, hace que se levante una gran cantidad de polvo.

Parte del polvo vuelve a caer al suelo. Otra parte permanece en el aire. Este polvo puede llegar a otros lugares tras recorrer cientos de millas.

Arena procedente de África puede llegar a Europa, o recorrer una distancia aún mayor. Puede incluso llegar a una isla del mar Caribe. Polvo de China ha llegado a Estados Unidos después de atravesar el océano.

Algunas veces, el polvo del aire se mezcla con gotas de lluvia. Entonces cae una "lluvia de fango". ¡Las gotas de lluvia son como pequeñas gotas de fango!

En esta fotografía tomada desde el espacio, arena del desierto del Sáhara se desplaza hacia Europa. El polvo *(color café claro)* es visible sobre el agua.

CAPÍTULO 3

Los problemas que causa el polvo

Una tormenta de polvo puede ser muy intensa.
En el desierto, desplaza y modifica grandes **dunas** de
arena. La tormenta puede parecer un gigantesco
muro de polvo. Una tormenta de polvo puede
causar muchos problemas.

El polvo penetra por todas partes. Entra en las casas aunque todas las puertas y ventanas estén cerradas. Se introduce en la maquinaria y produce averías.

Si estás al aire libre, el polvo se te clava en la piel. Se te mete en la ropa. Te entra en los ojos, la nariz y la boca. En una tormenta de polvo, la gente tiene problemas para respirar, y tiene que cubrirse la cara.

Una tormenta de polvo puede cubrir de capas de polvo fino una ciudad entera. Este hombre limpia el polvo acumulado sobre los autos en una feria de automóviles en China.

Una tormenta cubre esta carretera de Oklahoma con polvo procedente de Nuevo México y Texas. Conducir durante una tormenta de polvo puede ser peligroso.

Cuando hay una tormenta de polvo, el polvo cubre por completo las carreteras. La gente no puede ver por dónde va. A veces es necesario cerrar aeropuertos y escuelas.

Las tormentas de polvo pueden perjudicar mucho a los agricultores. El polvo cubre las **cosechas** y acaba con ellas. Los fuertes vientos se llevan el **suelo superficial**, la tierra de la superficie. Para crecer, las plantas necesitan un suelo superficial bueno y fértil.

Unos agricultores plantan árboles en una colina de China. Los árboles cierran el paso al viento y contribuyen a impedir que el suelo sea arrastrado y la zona se convierta en un desierto.

Una montaña de polvo se aproxima a un pueblo de Texas en abril de 1935. Una de las peores tormentas de la región conocida como *Dust Bowl* (tazón de polvo) se produjo ese mes.

En la década de 1930, muchas granjas del centro de Estados Unidos sufrieron las consecuencias de las tormentas de polvo. Esta región recibió el nombre de **Dust Bowl**.

Una sequía secó el terreno. Después, los vientos barrieron el suelo superficial creando tormentas de polvo. Los agricultores de la región no podían plantar sus cultivos.

Una tormenta de polvo puede causar problemas de salud. Al respirar el polvo, la gente sufre ataques de tos. Algunas personas pueden llegar a ahogarse. Además, el polvo puede transmitir enfermedades.

Autos y fábricas en las ciudades pueden producir humo y otros agentes de **contaminación**. Estas sustancias flotan en el aire. Cuando hay una tormenta de polvo, la contaminación del aire se mezcla con el polvo. Así puede llegar a otros lugares tras recorrer grandes distancias.

La gente que vive en lugares de tormentas de polvo tiene que taparse el rostro. Esta mujer le ha puesto también una máscara a su perro para protegerlo del polvo.

CAPÍTULO 4

La vida en zonas de tormentas de polvo

Los científicos estudian las tormentas de polvo. Usan **satélites** que toman fotografías de las tormentas. Después, tratan de determinar hacia dónde se dirigen las tormentas. ¡De ese modo, pueden avisar a la gente!

Durante una tormenta de polvo, los científicos usan un **anemómetro** para conocer la velocidad del viento. Este instrumento consiste en un palo con unos cuencos. Los cuencos giran alrededor del palo impulsados por el viento y miden su velocidad.

Para algunas personas, las tormentas de polvo son algo habitual. Es posible que vivan cerca de un desierto. Cuando una tormenta se aproxima, tratan de protegerse.

Estas personas tienen ropa especial que les cubre la cabeza y el cuerpo. Pueden ponerse **gafas protectoras** para evitar que el polvo les entre en los ojos. Cuando se aproxima una tormenta, saben qué hacer para estar protegidas.

Algunos habitantes del desierto del Sáhara van en camello. Un camello puede cerrar las fosas nasales durante una tormenta de polvo. Sus gruesas pestañas le protegen los ojos.

Glosario

árido — que recibe muy poca lluvia, por lo que la tierra está seca y pocas plantas pueden crecer

contaminación — desechos producidos por los seres humanos que son nocivos para todos los seres vivos

cultivos — plantas comestibles que siembran los agricultores

dunas — cerros de arena

Dust Bowl — región del centro de Estados Unidos donde se produjeron fuertes tormentas de polvo durante la década de 1930. Las tormentas arrastraron el suelo superficial, por lo que muchos agricultores no pudieron seguir sembrando sus cultivos

gafas protectoras — gafas que se ajustan a la cara y sirven para proteger los ojos

satélites — máquinas que orbitan, o giran, alrededor de la Tierra. Pueden enviar fotografías e información sobre lo que sucede en la Tierra.

sequía — época durante la cual no llueve, o cae poca lluvia

suelo superficial — capa de tierra en la superficie del suelo que es buena para el crecimiento de los cultivos

Más información

Libros

Desiertos. ¿Conoces la Tierra? (series). JoAnn Early Macken (Gareth Stevens Publishing)

Droughts. Weather Update (series). Nathan Olson (Capstone)

Dust Bowl! The 1930s Black Blizzards. X-treme Disasters That Changed America (series). Richard H. Levey (Bearport Publishing)

El sol. El tiempo de aquí (series). Anita Ganeri (Gareth Stevens Publishing)

Life in the Dust Bowl. Picture the Past (series). Sally Senzell Isaacs (Heinemann)

Storm on the Desert. Carolyn Lesser (Harcourt Children's Books)

Índice

Información sobre el autor

Jim Mezzanotte ha escrito muchos libros para niños. Vive en Milwaukee, Wisconsin, con su esposa y sus dos hijos. Siempre ha estado interesado en los fenómenos atmosféricos, especialmente en las grandes tormentas.